[韩] 孙京伊 * 著　[韩] 方仁英 * 绘　程金萍 * 译

* 重要的 -性-

影响男孩一生的性教育

—生 理 篇—

中信出版集团 | 北京

图书在版编目（CIP）数据

重要的性·影响男孩一生的性教育. 生理篇 /（韩）孙京伊著；程金萍译. 一北京：中信出版社，2021.7（2022.9 重印）
ISBN 978-7-5217-3232-0

Ⅰ. ①重… Ⅱ. ①孙… ②程… Ⅲ. ①男生 – 性教育 ②男生 – 生理卫生 – 健康教育 Ⅳ. ①G479

中国版本图书馆CIP数据核字（2021）第109571号

重要的性·影响男孩一生的性教育：生理篇

著　　者：［韩］孙京伊
绘　　者：［韩］方仁英
译　　者：程金萍
出版发行：中信出版集团股份有限公司
（北京市朝阳区惠新东街甲4号富盛大厦2座　邮编　100029）
承 印 者：北京盛通印刷股份有限公司

开　　本：787mm × 1092mm　1/20　　印　　张：5.8　　字　　数：85千字
版　　次：2021年7月第1版　　印　　次：2022年 9 月第 3 次印刷
京权图字：01-2021-3739
书　　号：ISBN 978-7-5217-3232-0
定　　价：39.80元

出　　品：中信儿童书店　图书策划：神奇时光　总 策 划：韩慧琴　策划编辑：谷红岩
责任编辑：谢媛媛　营销编辑：李梦淙　装帧设计：王艺橙

服务热线：400-600-8099
投稿邮箱：author@citicpub.com

前言

亲爱的各位读者，你们好！

“小鸡鸡”真正的名称是什么？

宝宝是怎样诞生的？

什么是勃起？

有没有人知道这些问题的答案呢？

老师希望大家能认真了解自己的身体。

如果能提前知道身体将要出现的变化，

到时候，我们便可以坦然面对，避免手足无措。

“是不是男孩有小鸡鸡，而女孩没有？”

“只有男孩很强壮，而女孩很柔弱？”

希望大家带着这些疑惑，和我一起去探索。

这本书的内容
涵盖了男孩从胚胎到青春期身体发育的过程，
和大家共享了与身体相关的20个故事。

这些故事都与大家因害羞而无法开口、
怕挨骂而难以启齿的各种关于身体的话题有关。

希望大家认真阅读这本书，做好自己，
而不是单纯想成为一个男人。

孙京伊老师

目录

第1章 我对自己的身体很好奇

第2章 我们是怎么来的？

第3章 步入青春期 75

···青春期

第1章

我对自己的身体很好奇

我的身体长得好奇怪啊

听听我的故事

我的身体长得好奇怪啊。

肚子圆鼓鼓的，

上面还有个肚脐眼。

我的小鸡鸡长得也很奇怪。

从镜子里，我还看到屁股上长了一个痣。

电视里那些明星哥哥

个子又高，身材又好！

我能长得像那些哥哥一样帅气吗？

请珍爱自己身体原本的模样。

大家有没有仔细观察过自己的身体？尽管很多人每天都洗澡、照镜子，但很少有人知道自己的身体究竟长什么模样。明明是自己的身体，我们却不太了解，大家难道不觉得这种情况很奇怪吗？

只有了解了自己的身体，才能好好爱惜它。

从镜子里好好观察一下自己的身体吧。脚趾、肚脐眼、耳朵，还有阴茎，它们都长什么模样？大家仔细观察就会发现，自己的身体真的非常神奇。身体的每个器官，不管是大还是小，都坚守着自己的岗位。

“我的肚子为什么圆鼓鼓的？”“我的脸为什么这么黑啊？”大家有没有这样讨厌过自己的身体？

我们生活在这个世界上，往往会忽略自身有多么的令人骄傲。通常，我们会先看到自身的缺点，并为此感到不开心。其实，这一切都根源于对自身的不了解。

眼睛像妈妈，鼻子像爸爸……其实，我们的身体里隐藏着整个家族的基因。我们都是非常珍贵的生命个体。与其和别人攀比，不如转变思想，发现只属于自己的闪光点。

大家要多多爱惜和关心自己的身体。因为真正能够爱护你身体的人，正是你自己哟。

02 男孩有小鸡鸡，女孩没有

听听我的故事

有一天，老师问我们：

“男孩和女孩有什么不一样的地方呢？”

“女孩的头发长！”“男孩站着尿尿。”小朋友们纷纷发言。

这时，有个小朋友大声说道：

“男孩有小鸡鸡，女孩没有！”

听到这话，女孩们一下生气地大喊道：

“喂！我们也有！”

啊？不是只有男孩才有小鸡鸡吗？

她们怎么说自己也有呢？我有些纳闷。

男孩和女孩都有性器官，只是名称不一样而已。

如果有人问你“男孩和女孩有什么不同啊?”，你会怎么回答呢？大家可以好好想一下。我之前曾经去过一所小学，向那里的孩子们问过同样的问题。绝大多数的小朋友都是这样回答的：

“男孩**有**小鸡鸡，女孩**没有**。”

其实，这种回答是不准确的。**因为男孩和女孩都有各自的性器官，只是模样有所不同。男孩裸露在体外的主要性器官叫作阴茎，而女孩裸露在体外的主要性器官叫作阴唇，相对比较隐蔽。**

从男孩的角度来说，“男孩有阴茎，而女孩没有”。但从女孩的角度来说，这句话就变成了“女孩有阴唇，而男孩没有”。因此，如果将男孩和女孩放在平等的位置上来看，答案会变成什么呢？

“**男孩有阴茎，而女孩有阴唇。**”

通常，如果用“有”和“无”来区分事物时，“有”的一方往往会认为自身很优越。有时候，一些小男孩还会嘲笑小女孩，称“你连小鸡鸡都没有”。其实，这种错误的想法很容易演变为歧视或欺侮女性的“性别歧视”。

男孩和女孩都有属于各自的性器官。这才是我们树立男女平等观念的出发点。

男孩和女孩的性器官有什么不同之处呢?

男孩和女孩的最大差异便是性器官。接下来，我们来对比一下男孩的阴茎和女孩的阴唇有什么不一样的地方吧。

“小妹妹” = 阴唇

女孩的阴唇相对比较隐蔽。虽然它不像男孩的阴茎那样显眼，但同样至关重要。

“小鸡鸡” = 阴茎

男孩的阴茎裸露在男孩的身体外面。从外面可以看到阴茎和阴囊，而从内部结构看，里面交织着无数的器官组织。

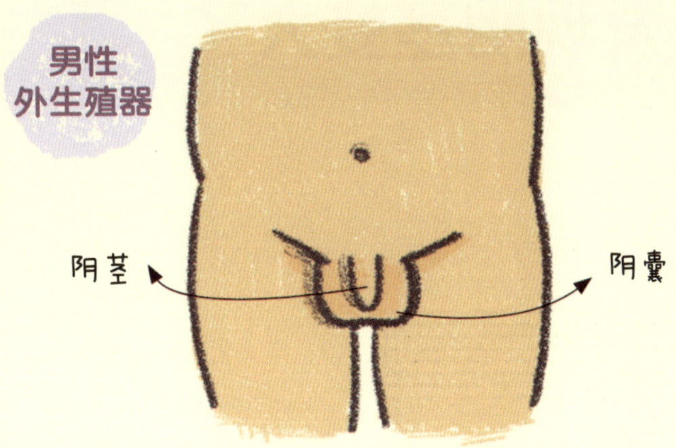
男性
外生殖器
阴茎
阴囊

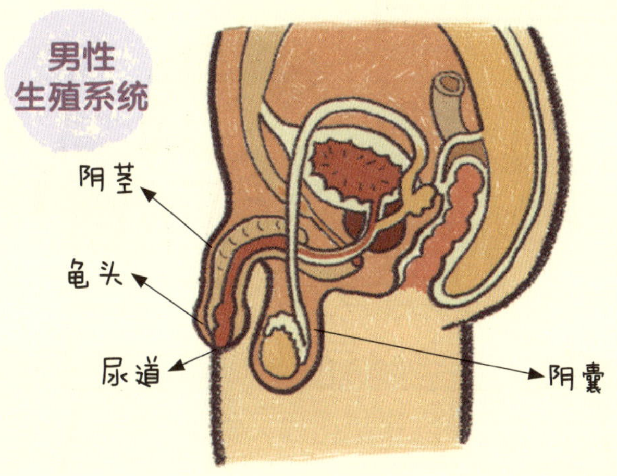
男性
生殖系统
阴茎
龟头
尿道
阴囊

03 我一觉醒来，发现阴茎变大了

听听我的故事

早上，我一觉醒来，发现阴茎变大了，

而且还很硬。我吓了一大跳。

我既惊奇，又害怕，连忙跑着去找妈妈，大声喊道：

“妈妈，我的阴茎变大了！”

听到我的话，妈妈欲言又止：

“那个……就是……”

看来妈妈也不知道我的阴茎为什么会变大。

我的阴茎到底为什么会变得这么大呢？

这是身体发出的信号，表示你正逐渐长大成为一个健康的男人。

大家有没有早上一觉醒来，发现阴茎变得又大又硬而吓一跳的经历呢？这种现象被称为勃起。**勃起是血液一下汇集至阴茎中的海绵体，使阴茎变粗变硬的情况。**勃起现象是健康男性的象征，也是任何一个男性都会经历的自然现象。

很多人都称："你之所以勃起，是因为你想法龌龊。"其实，事实并非如此。引起勃起的原因有很多。

其中，最大的因素便是**性激素**。激素是帮助我们调节生理活动的一种物质，对我们的身体至关重要。勃起现象的出现，便是激素中的雄激素正在大家体内兴奋活跃的标志。

第二种导致这种现象的原因是**体内的氧气不足**。在空间狭窄的公交车里，或者拥挤的地铁里，很容易出现氧气不足的情况。这时大家也会突然出现勃起的现象。

此外，导致勃起的因素还有很多。比如：憋尿的时候会出现勃起；手或其他物体触碰到阴茎时，伴随着一阵麻酥感，阴茎也会勃起。**勃起现象会随时随地出现，因此，大家一定要提前了解一下。**

阴茎突然出现勃起时该怎么办？

虽然勃起现象是正常的，但如果在大庭广众之下突然出现勃起，大家肯定会有些惊慌。出现这种情况时，应该怎样做呢？

第1步 保持镇静

首先保持镇静，不要惊慌害怕。

第2步 遮挡一下鼓起的阴茎

用衣服或包遮挡一下阴茎的部位。

如果没有可以用于遮挡的东西，可以坐在椅子上，双腿交叉。

第3步 深呼吸

慢慢深呼吸，让身体逐渐松弛下来。

大家只要采取这三个步骤，勃起的阴茎很快就会软下来。

一旦出现勃起现象，还有一件事大家必须要注意！在公共场合勃起的话，除了一定要遮盖，还要保持与他人的距离。大家一定要铭记这一点。

希望大家能够时刻谨记，“我才是自己阴茎的主人”。只要能应对好各种情况，大家便能以一颗平常心来对待自己的勃起现象。

我的手总是不自觉地去抚摸阴茎

听听我的故事

只要一摸到阴茎，我的心情就会很愉悦。

睡觉前，我总是在被子里抚摸它。

那种感觉，就像是一阵阵麻酥酥的触电感。

不管是在公交车上，还是写作业的时候，

只要发呆，我的手总会不自觉地去抚摸它。

可是，不知为何，每次这样做，

我都会感觉像做了错事，心情很沮丧。

我能一直这样抚摸自己的阴茎吗？

自慰是一种自然行为。不过，一定要把握好时间和地点。

大家抚摸阴茎时，有没有感觉心情很愉悦呢？**通过直接抚摸阴茎来让自己获得快感，这种行为被称为自慰。**不管是男人还是女人，都有可能会自慰。

甚至有一些孩子会抚摸自己的性器官来玩，这也是因为抚摸阴茎时会带来快感。

通常，大人们看到孩子抚摸阴茎，都会训斥孩子“摸它干什么，多脏啊”。在大人眼里，这种行为既让人尴尬，又令人感觉害羞。他们会劝阻孩子，让孩子“住手”。而受到训斥的孩子们会认为，“啊，原来这样的行为是不好的啊”。尽管如此，有些孩子还是会背着父母抚摸自己的阴茎来感受那种快感。

不过，自慰并不是一种错误的做法，而是人类天生的无师自通的自然举动之一。这种自然行为被称为本能，而自慰就是人类的本能。因此，大家不要认为自慰就一定是错的，从而全盘否定它。

不过，不是所有人都会选择自慰。在这个世界上，有的人想自慰，也有人不想自慰。而且，经常自慰会损害自己的身体，所以大家一定要懂得节制。

自慰的原则非常重要，大家在自慰时一定要谨记。**因为自慰时大家需要抚摸自己的身体，所以一定要谨慎小心。**如果因为举止太过粗暴而让自己的身体受伤，这样肯定不好。

此外，大家自慰时一定要把握好时间和地点，不要被别人看到。认真谨慎地将这一点铭记于心是非常重要的。

自慰行为也有必须遵守的原则吗?

过度自慰对身体有害，请大家一定要节制。如果想要自慰，一定要掌握好**时间和地点**。下面是自慰的五大原则：

1

抚摸前将手清洗干净。

用脏手抚摸性器官，细菌会进入体内而引发疾病。自慰后如果出现射精，一定要用湿毛巾擦干净，或者进行淋浴，清洗身体。

2

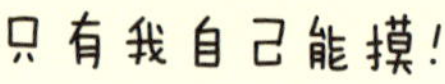

只有我自己才能抚摸我的性器官。

大家不能将自己的性器官给别人看，或者让别人摸。自己也不能看或者抚摸别人的性器官。即便是家人或者朋友也不行。

3

在独处的空间里进行自慰。

自慰行为是独属于自己的小秘密！只能一个人在自己的房间或家里的洗手间等安全的地方进行。在学校洗手间等公共场所千万不要自慰。

4

心情好的时候进行自慰。

不建议大家通过自慰的方式来消除悲伤或气愤的心情。因为自慰行为无法缓解难过的心情。大家最好在心情愉悦的时候，采用安全健康的方式来进行自慰。

5

不要看着淫秽视频或照片进行自慰。

有些人自慰时会看一些视频或照片。这样的自慰方式会令人上瘾，大家一定要避免。

我的阴茎要是能再大一点儿就好了

和朋友们站成一排小便时，

大家会评论彼此的阴茎。

“他的最大，我的不大不小。啊？你的怎么这么小啊？”

小朋友们闻此，全都过来看我的阴茎。

“你个子最矮，阴茎也最小啊。”大家议论纷纷。

我的自尊心大受伤害，觉得尴尬极了，心里暗想：

要是我的阴茎能再大一些就好了，

它还能更大一些吗？

阴茎的大小一点儿也不重要。

男人在小便时，常常会偷看彼此的性器官。这时候，朋友之间往往会开玩笑似的展开一些关于性器官的话题。

有的朋友听到关于性器官的讨论会有些苦恼："为什么我的阴茎这么小啊？"为此，他会拿自己的阴茎和别人的进行对比，老是纠结自己的阴茎到底比别人的大还是小。

大家有没有过这种苦恼呢？**各位，每个男人阴茎的外形和大小都是不一样的。毕竟，我们每个人的长相都不一样，阴茎也是如此。**

现在正是大家长身体的时候，个子、手、脚，还有阴茎都会慢慢长大。只不过，有的人长得快一些，有的人长得慢一些。

此外，阴茎的大小会根据情况而有所不同。

勃起时，阴茎会变大；憋尿时，阴茎也会变大。随着温度的变化，阴茎的大小也会不一样。

同时，大家千万不要以为只有阴茎大才算是一个顶天立地的男人。

最重要的不是阴茎的大小，而是珍惜自己身体原本的模样。所以，大家不要再和朋友们比较阴茎的大小了，也不要再继续苦恼了。

包皮环切手术一定要做吗？

我去堂兄家玩时，看到堂兄走路的姿势很奇怪，有些搞笑，我便跟他开了个玩笑。结果他一下火冒三丈。

后来我才得知，原来他昨天做了包皮环切手术。

我对此感到很抱歉，也有些好奇。于是我去找他。

“哥，你是不是很疼啊？”我问他。

堂兄无力地点了点头。

突然，我的阴茎那里也传来了一阵痛感。

我绝对、绝对不会去做这种手术。

包皮环切手术不是必须要做的吧？

对于包皮环切手术，大家最好先咨询泌尿科的医生再做决定。

俗称“小鸡鸡”的性器官，其准确的名称是阴茎，这个大家都已经知道了吧？

阴茎顶端圆圆的、凸出的部位被称为龟头。仔细观察阴茎我们会发现，龟头外面包裹着一层被称为包皮的皱皱的薄皮肤。如果包皮口狭窄或包皮与阴茎头粘连，包皮不能上翻露出龟头，这样的状态被称为包茎。所谓包皮环切手术，就是切掉部分包皮让龟头能够露出来的一种手术。

做包皮环切手术的最大目的是为了保持卫生。一旦龟头被包裹在包皮里，里面会裹入一些灰尘或杂质，很容易滋生细菌。

包皮包裹龟头的程度也因人而异。通常，随着身体的不断发育，阴茎也会逐渐长大。在这个过程中，有些人的龟头会从包皮中露出来，也有的人龟头依旧露不出来。所以，大家最好先跟泌尿科的医生咨询后再选择是否进行包皮环切手术。

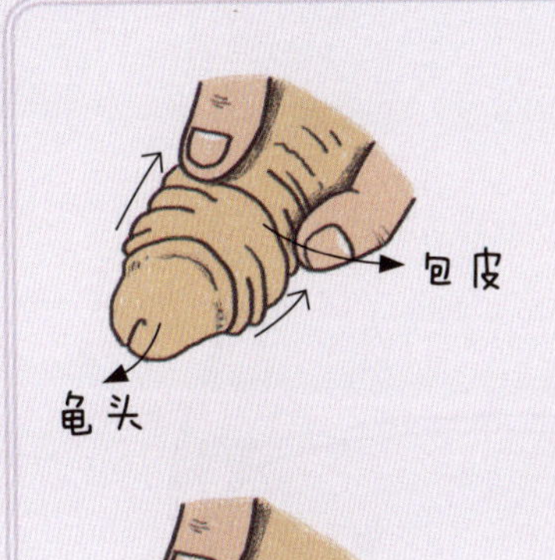

假性包茎

将包裹阴茎的皮肤（包皮）上翻时，龟头会露出来。这种情况在长大后也有可能会变成真性包茎。

真性包茎

即便将包裹阴茎的皮肤（包皮）上翻，龟头也不会露出来。这种情况一定要去泌尿科进行咨询。

妈妈说我现在不能和妹妹一起洗澡了

听听我的故事

到了明年，妹妹就6岁了，

而我9岁。

今天晚上，我和妹妹在浴缸里

兴奋地玩着水。

这时，妈妈走进洗手间，看着我们说道：

“明年哥哥就9岁了，你们两个分开洗澡吧。”

我觉得和妹妹一起洗澡玩耍很有意思，

为什么不能在一起洗澡了呢？

到了一定的时期，最好分开洗澡。

和父母、妹妹一起洗澡是不是很好玩啊？和家人一起洗澡时，大家会学到很多与身体相关的知识。比如，大人和孩子的身体长得不一样，男人和女人的身体也不一样，等等。

随着大家逐渐长大，到了一定时期便需要和性别不同的家人分开洗澡了。这个时间点因人而异。通常，升入小学后，便可以考虑自己独立洗澡了。

一旦到了这个时候，大家便可以明确地得知，男人和女人的身体是完全不同的。尤其是阴茎部位，这里非常敏感，也非常重要。我们一定要注意，不要让别人看到自己宝贵的隐私部位。

因此，我们要相互尊重对方的身体，遵守礼节，即便是家人，也最好分开洗澡。

那如果去公共浴池时，该怎么办呢？当然，大家要跟着爸爸去男澡堂，而妹妹跟着妈妈去女澡堂。韩国有明文规定，只要儿童的年龄超过5岁，男孩便不能进女澡堂，而女孩也不能进男澡堂。因为公共浴池里不是只有自己的家人，那里是一个和其他人共同洗澡的地方。

在长身体时期，请大家一定要珍爱并照顾好自己的身体。

每天都要清洗吗？

有一天，妈妈和爸爸去了遥远的亲戚家，

所以，奶奶来我家里照顾我。

我不想洗澡刷牙，想直接睡觉，便跟奶奶撒娇：

“奶奶，我今天不想洗了，直接睡觉吧？”

奶奶说：“好啊，男孩子整那么干净干吗。”

我兴奋地走进房间刚想睡觉，这时，妈妈打来了电话：

“你睡觉前一定要洗澡刷牙啊。”

我已经得到奶奶的同意了。

那我是直接睡觉，还是听妈妈的话呢？

呜呜呜……昨天我都洗过了，

今天怎么还需要洗啊。

按时清洗是保持身体健康、维护自身形象的重要习惯。

有时候，我们会听大人们说：“男子汉怎么这么爱干净啊?”“男人邋遢点儿没关系的。”那男人邋邋遢遢、脏兮兮的，真的没关系吗?

其实，不管是男孩还是女孩，都要保持身体的干净清洁。首先，这是为了我们的身体健康。如果身体脏兮兮的，就很容易生病。而且，干净利索会给人留下一个很好的印象。

清洗是一个很好的习惯。习惯一旦养成，即便不刻意努力，也会顺其自然地做到。**如果大家从小养成每天清洗的习惯，就能让我们的身体保持健康，给人干净利索的好印象。**

淋浴时，腋窝、腹股沟、脚趾缝等地方一定不要遗漏，全都要一一清洗干净。同时，还要洗头、刷牙。

此外，阴茎也要进行专门的清洗。**首先，整体清洗一下，然后轻轻翻起包皮，清洗一下里面的龟头。**这样才能将缝隙里夹杂的异物清除干净，尤其是在经常出汗的夏季，更应该仔细认真地清洗。

关于身体的秘密小测验

我们一起认真地了解了身体的一些秘密，还懂得了必须要珍爱自己的身体以及怎样保护它。不管是朋友还是家人，都必须尊重彼此的身体。尤其是性器官部位，既不能让别人触摸，也不能给别人看。这些大家都知道了吗？

下面是一个简单的小测验，来判断一下这些说法是对还是错，看看你都能答对吗？

01 男人的性器官包含阴茎，而女人的性器官包含阴唇。（ ）

02 阴茎变大变硬的现象被称为勃起。（ ）

03 勃起现象只在自己想到性后才会发生。（ ）

04 如果在人多的公交车上出现勃起现象，要大声地告诉朋友们。（ ）

05 自慰是人的本能，是人的自然行为，因此无须觉得羞耻。（ ）

06 在学校里，如果想抚摸阴茎，可以随意抚摸。（ ）

07 我的性器官只有我自己才能抚摸。（ ）

08 包皮环切手术必须要做。（ ）

09 家人之间任何时候都可以一起洗澡。（ ）

答案 01√ 02√ 03× 04× 05√ 06× 07√ 08× 09×

我们是怎么来的？

宝宝是怎么来的?

听听我的故事

有一天，妈妈和爸爸非常严肃地问我：

“敏书，要不要妈妈给你生个妹妹啊？”

“嗯，贤俊有妹妹，延西也马上就有妹妹了。只有我没有，我确实有些失落。”我兴奋地回答道。

但我突然对一件事感到很好奇：

“妈妈，妹妹是你从哪里带来的？我不能一起去接她吗？”

听我这么说，妈妈和爸爸一下子不再说话了。

难道我不能跟他们一起去吗？

爸爸体内的精子和妈妈体内的卵子相遇，就形成了胚胎。

“爸爸，我是怎么来的？”

大家有没有问过父母这样的问题啊？以前，我也曾经问过父母这个问题。当时，我的父母是这样回答的：“你是我们从大桥下面捡来的。”我记得听到这话后，自己当时呜呜大哭了一场，嘴里还不住地嘟囔：“我竟然只是个从大桥下捡来的孩子！”

尽管当时我的父母只是为了逗我而开了一个玩笑，但那句话在我的脑海里一直挥之不去。看来对于年少的我来说，“我是从哪里来的？”这个问题非常重要。

我觉得，我们要清楚地知道自己是从哪里来的。只有这样，我们才能认识到自己是一个多么特殊的、独立存在的个体。

下面，我以乐高积木来举例说明，请大家在脑海里想象一下乐高积木的样子。积木凹进去的部分和凸出来的部分拼在一起，看起来严丝合缝吧？大家只要将女人的阴道想象成积木凹进去的部分，而把男人的阴茎想象成积木凸出来的部分就可以了。

当男人凸出来的阴茎和女人凹进去的阴道像积木一样结合在一起时，男人体内的数亿个精子会游到女人体内。通常只有一个精子会与女人体内的卵子相结合，形成受精卵，这个过程被称为受精。而受精卵在母体子宫内成长发育形成胎儿直到胎儿分娩的过程被称为妊娠。

妊娠的过程非常艰辛，在胎儿呱呱坠地前需要长达九个月的时间。不过，在妈妈的护佑和照顾下，小宝宝们才能健健康康地出生，来到这个世界上。

我对妊娠的过程很好奇

我们来详细了解一下妊娠的过程吧。首先，只有男人体内的精子遇到女人体内的卵子才有可能会出现妊娠。**精子和卵子一旦相遇就会形成一个小小的受精卵，受精卵在母体子宫内顺利着床，慢慢长大就会变成一个胎儿。**

通常，成熟女性每个月会排出一个卵子，卵子在体内只能存活几天。因此，精子不可能随时会遇到卵子。而且，即便精子成功遇到了卵子，受精卵在子宫顺利着床也不是很容易的事。

只有经过这个漫长且艰难的过程，一个婴儿才会诞生。大家都是历尽千辛万苦才来到这个世界的。如此说来，我们每个人都是珍贵的幸运儿呢！

我要争第一！

10 胎儿在妈妈肚子里难道不觉得挤吗？

妹妹在妈妈肚子里不断成长着。

妈妈说，再有一个月，
我就能见到妹妹了。

妈妈现在的肚子就像里面塞了个球，
鼓鼓地凸了起来。

不过，有件事情我很担心：
妹妹会不会觉得妈妈的肚子里有点挤呢？

随着胎儿不断长大，妈妈的子宫也会像气球一样鼓起来。

在女人体内，有一个胎儿成长的家，那就是子宫。卵子和精子相遇后形成的受精卵会进入子宫，在这里着床。受精卵在这里吸收妈妈的营养，慢慢变成胎儿。

妈妈的子宫很温暖，也很安全。子宫原本比拳头还要小一些，但它是有弹性的，随着胎儿渐渐长大，它会像气球一样慢慢变大，体积可以膨胀到原来的20倍以上，是不是很神奇？

子宫里充满着一种被称为羊水的温暖液体。羊水可以保护胎儿免受外界的碰撞，还能阻拦一些有害细菌，保护胎儿安全长大。而胎儿会一直漂浮在羊水里。

胎儿在妈妈肚子里是可以听到声音的。当听到爸爸或者妈妈的声音时，胎儿有时候会用力地踢妈妈的肚子，吓妈妈一跳。

临近分娩时，胎儿会做好来到世间的准备。此时的子宫对胎儿来说太拥挤了。等到胎儿“瓜熟蒂落”的时刻，为了将胎儿往体外推，子宫会发出一些信号。这时，妈妈就会感到阵痛。伴随着阵痛，婴儿便会呱呱坠地，降临世间。

婴儿出生后，膨胀的子宫会再慢慢恢复到原本的大小。

胎儿在妈妈肚子里是怎么吃东西的?

胎儿在妈妈肚子里时，有一根带子将妈妈的身体和胎儿连接在一起，这根带子被称为**脐带**。

胎儿通过这根脐带吸收妈妈的营养，慢慢长大。胎儿出生后，医生会用剪刀将脐带剪断并进行结扎。

大约一周后，脐带会变干脱落，而肚子中间脐带脱落的位置便是肚脐。所以说，肚脐是我们和妈妈曾经紧密连接在一起的宝贵证据哟。

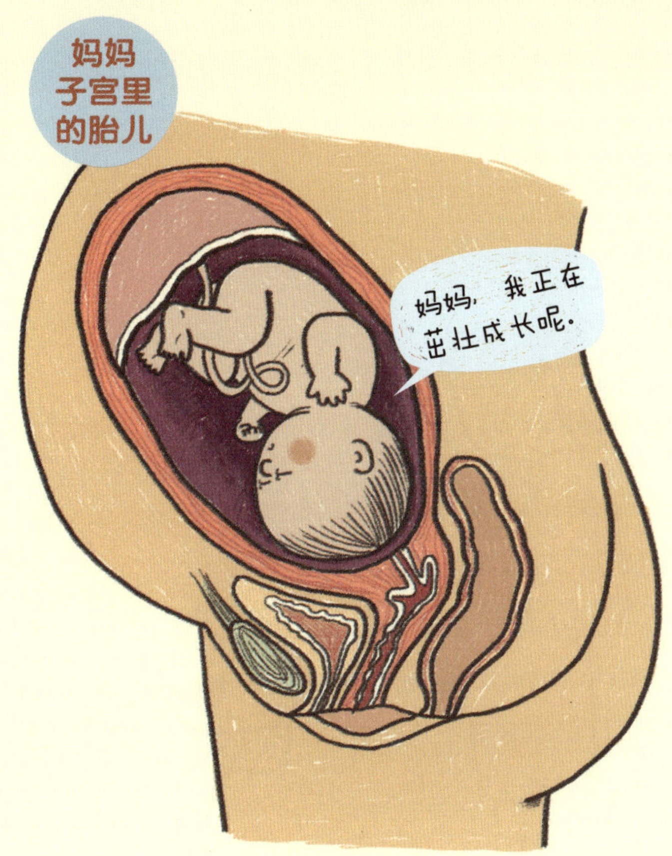
妈妈子宫里的胎儿
妈妈，我正在茁壮成长呢。

妈妈肚子里的孩子是从哪里生出来的？

妹妹现在在妈妈的肚子里。

她长得越来越大，就像一个足球那么大。

因此，妈妈的肚子也更凸了，圆鼓鼓的。

妹妹马上就要出生了，我好担心啊。

妈妈肚子里的孩子是从哪里生出来的？

如果她迷路了可怎么办啊？

不管我怎么努力，都没有想出把妹妹救出来的办法。

妈妈的身体里有一个专门分娩胎儿的通道。

胎儿在妈妈肚子里茁壮成长九个月后，便开始准备降临世间。婴儿降生时，妈妈的肚子会非常疼。为了将胎儿推出体外，子宫会不断收缩从而引起阵痛。

随着时间的推移，子宫口会慢慢打开。最终，婴儿呱呱坠地。这个过程被称为分娩。

婴儿的出生方式有两种。**一种是自然分娩，婴儿通过妈妈的阴道出生。**婴儿出生时，妈妈的阴道会神奇地像皮筋一样不断被拉伸。这样，婴儿通过这个位置，先是露出头，接着是肩膀、腿，然后便降生在这个世界上。

另一种方法是剖宫产。这是一种将妈妈的腹壁和子宫剖开，把婴儿取出来的手术。相传，这种方法最初使用是在古罗马时期。当时有法律规定，如果孕妇在妊娠后期或生孩子时难产死亡，在埋葬之前必须通过手术把她肚子里的胎儿取出。这项规定最初源于古罗马的宗教教义，但后来主要是为了抢救孕妇腹内的胎儿。第一例有记载的应用于活人的剖宫产手术发生在1610年。其英文caesarian section译作恺撒切开术。有人说这是因为恺撒大帝就是这样出生的。但实际上，当时经历剖宫产的人，无法存活，但恺撒大帝的母亲一直活到他成年，所以这个说法也是不准确的。

不管是自然分娩还是剖宫产，生孩子都是一件非常消耗体力的事情。世上所有的妈妈都是经历了这样辛苦的过程才将大家带到这个世界上来的。

对于怀胎十月、辛苦分娩的妈妈，还有在这个期间一直陪伴着妈妈和你的其他人，大家一定要记得道一声谢谢哟。

双胞胎真的长得一模一样吗？

听听我的故事

我在学校门口遇到泰宇，跟他打招呼，

结果他却径直走开了。

“喂，你干吗装作不认识我啊？”我问他。

结果他却回答：“我是恩宇，不是泰宇，

我和泰宇是双胞胎。”

我曾听说过泰宇是双胞胎，

现在这么一看，他们长得真是太像了。

模样、声音，还有走路的样子……

泰宇的家人是如何区分他们两个人的呢？

尽管双胞胎长得很像，但性格却各不相同。

爸爸体内的一个精子和妈妈体内的一个卵子相遇后会形成一个小小的受精卵。这个受精卵在妈妈体内的子宫里安全着床，不断长大变成一个胎儿。

不过，这个受精卵有可能会因为不明原因而分裂为两个。这种情况下就会出现同卵双胞胎。

大家看到的恩宇是泰宇的双胞胎兄弟。恩宇会被误认为是泰宇，看来他们两个的模样和性别都是一样的。**这样的双胞胎被称为同卵双胞胎，他们不仅性别一样，连相貌都几乎完全相同。**

不过，有些模样和性别并不相同的人也被称为双胞胎，这样的情况被称为异卵双胞胎。**对于异卵双胞胎来说，性别可能相同，也有可能不同。**而且，和同卵双胞胎不同的是，异卵双胞胎的相貌可能并不相似。

尽管两个人是双胞胎，但个性、思考方式和饮食习惯等都有可能不一样。毕竟，并不是两个人长得很像，所有的一切就全都一模一样。世界上没有和自己完全一模一样的人，大家都是独特的个体，而不是别人的复制品。

因此，不要因为两个人相貌相似就认为他们所有一切都相似。他们都是拥有独特个性和思维的生命个体。

双胞胎是如何诞生的？

同卵双胞胎的相貌相似，性别相同；异卵双胞胎的相貌大多长得不是很像，而性别有可能相同，也有可能不同。为什么同为双胞胎，有的长得很像，而有的却长得不像呢？

同卵双胞胎：卵子和精子相遇后形成一个受精卵，这个受精卵因为不明原因而分裂为两个受精卵。这时，同样的遗传基因被分裂为两个，所以这样的双胞胎在相貌和性别方面都一样。

异卵双胞胎：妈妈体内有时候会排出两个卵子。这种情况下，两个卵子会各自遇到精子，从而形成两个受精卵。因此，异卵双胞胎不仅相貌不同，性别也有可能会不一样。

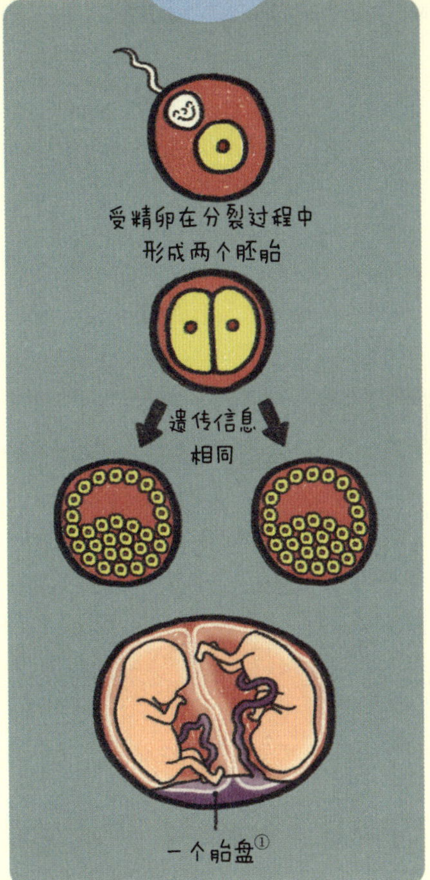

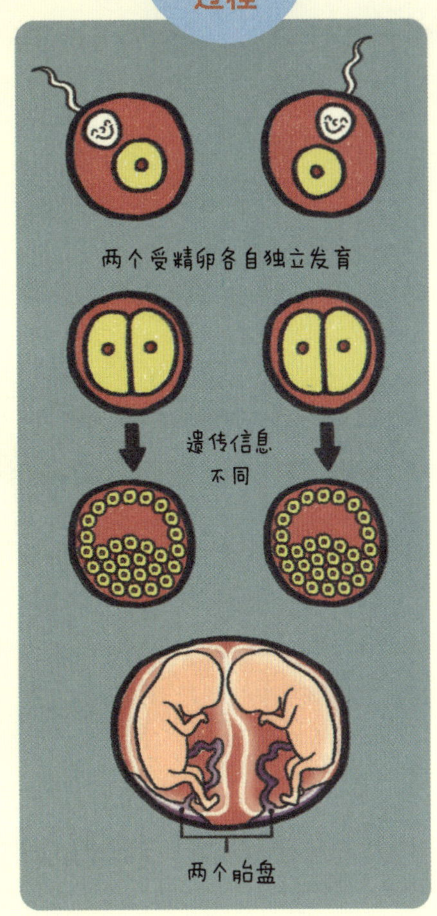

① 同卵双胞胎除两个胎儿共处一个胎盘外，还可能每个胎儿都有自己的胎盘。——编者注

13 爸爸的乳房也会有奶水吗？

听听我的故事

我放学回到家，看到刚出生不久的妹妹

正在妈妈怀里吃奶。

我有些嫉妒，不开心地钻到爸爸怀里，嘟囔道：

“爸爸，你没有奶水吗？”

“爸爸是男人，当然没有奶水了。”

为什么男人没有奶水呢？

我以后长大了，有了自己的孩子，

也想像妈妈那样给孩子喂奶。我是不是无法做到啊？

男人的乳腺不发达，不会产生奶水。

女孩到了青春期，乳房会慢慢变大。那是因为，这个时期女孩乳房里面的乳腺越来越发达。**乳腺也是女孩成为妈妈后产生奶水的组织。**

女人怀孕后，乳腺便开始活跃地工作，精心做着准备工作，以保证婴儿出生后立马能喝到母乳。

母乳里富含对婴儿有益的多种营养成分。不过，并不是所有婴儿都是喝母乳长大的。有的妈妈母乳分泌很旺盛，婴儿会喝得很饱。但也有的妈妈母乳很少。在这种情况下，为充分保障婴儿的营养，妈妈会给婴儿喝一些奶粉。

和女人不同的是，男人乳房的乳腺并不发达。因此，男人的乳房也不会像女人那样丰满。这些都是天生的身体差异，无法改变。不过，这并不表示爸爸无法尽心照顾婴儿。

因为身体构造的差异，妈妈和爸爸的分工各不相同，但大家要记得，他们对孩子的爱都是一样的。

世界上有各式各样的家庭

在这个世界上，有着数不清的家庭。家庭的模式五花八门，远远超出大家的想象。除了最常见的模式，还有很多其他模式。这些家庭的人都以家庭的名义彼此珍惜相守，生活在一起。

其他家庭模式

1

多文化家庭

父母来自不同国家或民族的家庭。

2

单亲家庭

孩子只和妈妈或者爸爸生活在一起的家庭。

3

隔代家庭

孩子和爷爷奶奶或外公外婆一起生活的家庭。

4

收养家庭

在这种家庭中，父母与孩子之间没有血缘关系，但他们互相照顾，相亲相爱，家庭氛围也可以很温馨。

写一封感谢信

通过前面的内容我们知道，正是在妈妈和爸爸的爱护下，我们才来到这个世界，成为一个个珍贵美好的生命个体。

希望大家阅读这本书时，能对养育各位的人们心怀感激。

为了表达自己的谢意，大家来为那些养育自己的人制作一封充满感激的感谢信吧。养育照顾我们的人不一定就是我们的妈妈和爸爸，也有可能是爷爷、奶奶、姨母或者姑妈等亲戚，当然也可能是我们的邻居。

不过，所有的家庭都是独一无二的。大家向爱护自己的家人表达一下感激之情吧。

感谢信

亲爱的________

您养育我，

爱护我，

尊重我，

对我谆谆教诲，

时时刻刻对我关怀备至。

对此，我深表感激。

______年___月___日

______________敬上

第3章

什么是青春期？

听听我的故事

最近，我经常在心情很好时突然大发雷霆，
还会伤心难过，甚至眼泪汪汪。

刚刚回家的路上，看到一只流浪猫非常可怜，
我心生怜悯，眼泪差点儿流了下来。

爸爸看着我的神情，开玩笑地跟我说：
“我们家敏书终于要步入青春期了。”

青春期到底是什么？
为什么让我如此痛苦呢？

青春期是儿童的身体和心理茁壮成长，进而长大成人的一个阶段。

青春期，顾名思义指“青春的时期”，这是一段身体茁壮成长、活力满满的青春年华。

步入青春期后，大家体内沉睡的性激素会渐渐苏醒。激素是我们体内调节生理活动的重要物质，作用非常大。尤其是，一旦性激素开始活跃，男孩的身体会逐渐显现出成年男性的体格。这时，男孩体内分泌的性激素主要为睾酮。

一旦步入青春期，男孩的肩膀会越来越宽，他们会长出胡须，阴茎周围及腋窝会长出体毛，阴茎越来越大，颜色也会变深。此外，脖颈中间位置的喉结会变大，声音会变得低沉或沙哑，这个嗓音发生变化的时期被称为变声期。

青春期里还有一个重要的变化，那就是射精。男孩的生殖系统会分泌产生精液，而射精就是精液从阴茎里射出来的过程。**射精是身体健康长大的一种标志，因此也是一种美好而珍贵的体验。**

每个人步入青春期的时间可能各不相同。有的人在小学时期会步入青春期，而有的人上了高中才会体验到青春期的变化。每个人身体的变化和程度也都不大一样。

不管什么时候步入青春期，大家一定要愉悦地接受自己身体的变化，更加珍爱自己的身体。这样一来，大家才能逐渐长大，成为一个身体和心理都非常健康的大人。

观察步入青春期后的身体变化

步入青春期后，性激素不断分泌，身体会发生一些大大小小的变化。所有这些变化被统称为第二性征。下面，我们通过一组图来对比一下步入青春期后，男孩和女孩的身体都会发生哪些变化。

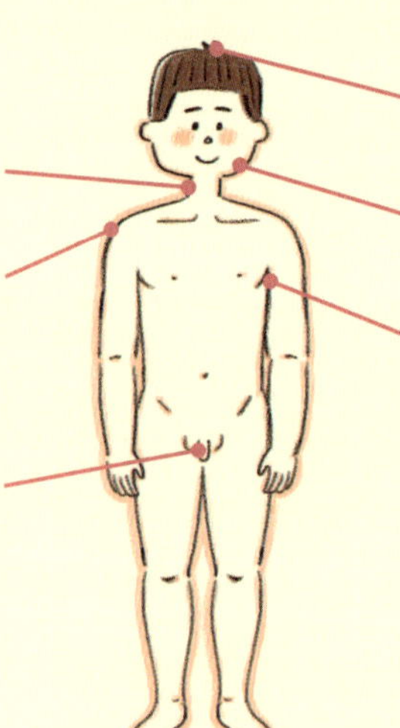

男孩青春期的身体

步入青春期后，男孩体内会分泌更多以睾酮为主的雄激素，身体逐渐长大成为男人的体格。

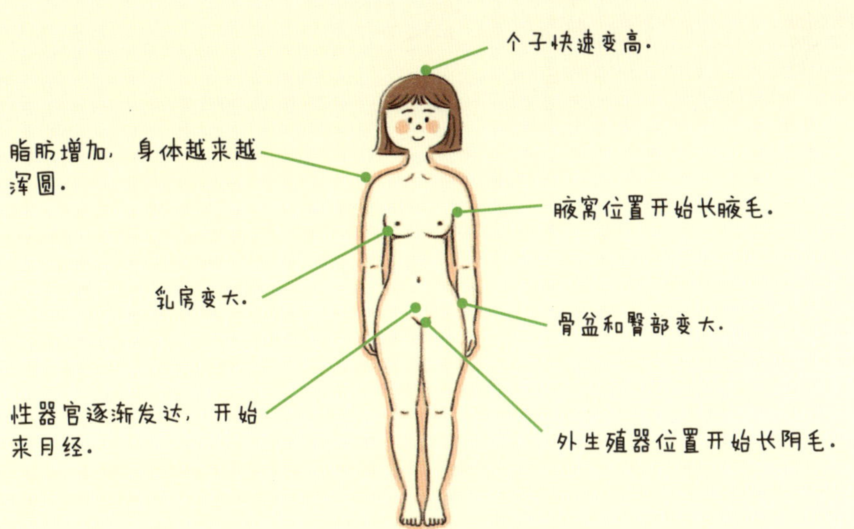

女孩青春期的身体

步入青春期后，女孩体内会分泌更多雌激素，身体逐渐发育成女人的体格。

15 体毛会和头发一样不停地生长吗？

星期天，我和爸爸一起去澡堂。

之前我每次都是和妈妈一起去。

如今，我是一名小学生了，

妈妈说我以后要和爸爸一起去了。

澡堂里到处都是和爸爸一样的大人。

不过奇怪的是，他们的腋窝和阴茎位置

都长满了像头发一样的体毛。

我变成大人后，腋窝和阴茎位置也会长出体毛吗？

对此，我既觉得奇怪，又感到很讨厌，

要是慢一点儿长大成人就好了。

腋窝和阴茎位置的体毛长到一定程度后，就不会再长了。

仔细观察就会发现，我们浑身上下几乎都长满了体毛。看一看自己的胳膊，你能看到一些又细又柔软的绒毛吗？大家的脸上、腿上和肚子上都有一些绒毛。

这些体毛可以保护我们身体的一些柔软部位，还能调节体温，保护脆弱的肌肤免受伤害。此外，眼睫毛和鼻毛还能防止灰尘和异物等进入体内。

随着我们的身体不断长大，有些体毛会越来越粗，越来越多。尤其是步入青春期后，那些原本没有体毛的位置，也就是腋窝和阴茎根部，也会开始长出体毛。

腋毛可以保护腋下的皮肤，帮助汗液蒸发，而阴毛则可以保护重要的外生殖器。因此，阴茎位置的阴毛会更粗更卷曲一些。女性的阴毛也是一样。

大家会不会担心腋窝和阴茎位置的体毛像头发一样变得很长呢？其实完全不用担心。这些位置的体毛长到一定程度后就不会再长了。是不是很神奇呢？我们的身体会自行调节。如果腋窝和阴茎位置的体毛不断生长，将给身体的移动和生活带来不便。

我们身上的体毛绝对不是不好或令人恶心的东西。这些重要体毛的出现是身体的一种自然变化，它们保护着我们的身体，请大家从心底里坦然接受它们。

16 我的嗓音也会变吗？

我叔叔的嗓音很洪亮，也非常粗。

我觉得他的嗓音很有魅力，也想变成他那样。

不过，不管我怎么模仿他的声音，

都没法做到，心里很难过。

“我的嗓音要是能变成叔叔那样就好了。”

我声音低沉地跟叔叔说道。

叔叔闻此，表示：“你只要过了青春期，嗓音也会变粗的。”

哇，看来步入青春期后，身体会发生很多变化。

我要是能快点儿步入青春期就好了。

变声期好好保护嗓子，就会拥有属于自己的独特嗓音。

老师是一个女性，嗓音又低又粗，小时候我很讨厌自己的嗓音。不过长大之后，因为工作需要，我要在很多人面前进行演讲，这样的声音能传到很远的地方。为此，我经常从别人那里听到夸赞，称我的嗓音很好听。

大家都有什么样的嗓音呢？是不是也像小时候的我一样讨厌自己的嗓音呢？就算如此，大家也不用担心。随着身体和心理的成长，声带也同样会发生变化。

前面已经讲过，步入青春期后，在雄激素的影响下，大家的嗓音会发生很大的变化。这个变化的时期被称为变声期。该时期分泌的激素会不断刺激大家幼小的声带，这样一来，声带会变得又厚又长。悬雍垂（小舌）

也会更加明显。此外，和女孩不同的是，男孩脖子中间位置有一块骨头（甲状软骨）会凸出来。由此，男孩的嗓音越来越厚重，声调也越来越低。

不过，是不是只要过了变声期，所有男孩的嗓音都会变得又粗又低呢？其实并非如此，情况因人而异。

大家的嗓音都是独一无二的，不能用好或者不好来进行评价。每个人都有属于自己的充满魅力的嗓音。

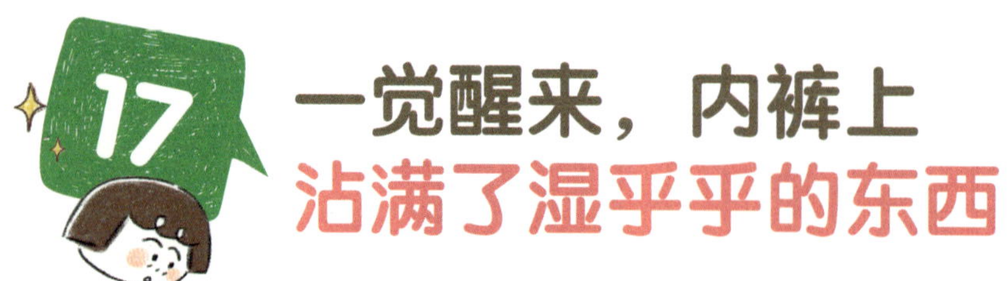

17 一觉醒来，内裤上沾满了湿乎乎的东西

听听我的故事

有一次哥哥来我家玩，住在我家。

第二天早上起床时，我发现他的内裤上

有一种黏糊糊的白色液体。

我一开始还以为哥哥尿床了，

还嘲笑他。

但哥哥说他并没有尿床，

这是“梦遗”。

还说等我再大一些也会这样。

真的吗？我好好奇。

对男人来说，射精是一件很了不起的事，也是长大成人的起点。

大家有没有一觉醒来感觉像是尿床的经历啊？如果有的话，那便是体验到了梦遗！

男人体内会产生精子，精子会和其他一些分泌物混合在一起，变成一种白色的黏黏的液体。这种液体被称为精液。精液通过尿道，从阴茎顶端喷出，这种现象被称为射精。射精是在阴茎勃起后发生的现象。

如果大家一觉醒来发现内裤上沾着湿乎乎、黏糊糊的液体，那便是在熟睡时不知不觉间发生了梦遗。**在睡觉过程中出现的射精现象被称为梦遗，是做梦的时候射精的意思。**

不管是清醒时的射精还是梦遗，这些都是每个男孩在成长过程中必然会经历的自然体验。因此，大家无须觉得害羞，也不用觉得害怕。

梦遗是大家的身体健康茁壮成长的象征，因此是一件值得祝贺的事情。

希望大家以积极乐观的心态认真对待自己的射精，接纳未来身体将要发生的所有变化。在这里，老师要提前祝贺你们的第一次射精体验。

什么是月经？

听听我的故事

有一次，我走进姐姐的房间，

发现桌子上放着一个奇怪的东西。

我正想看得仔细一些，这时，姐姐走了进来。

“姐姐，这是什么啊？好像尿不湿啊……”我有些好奇。

“尿不湿？看来你果然还是个孩子啊！这个是卫生巾。

姐姐现在开始来月经了。”姐姐回答道。

卫生巾？这个词我平生第一次听到。

在我看来，这东西分明就是尿不湿。

到底什么是卫生巾，什么是月经啊？

月经是一个女人健康长大的象征。

通常，相比起男孩来说，女孩的青春期会来得更早一些。男孩一般在10~14岁，而女孩一般在9~13岁步入青春期。对于那些正在经历青春期的女孩，偶尔会有人取笑她们，这种做法是不对的。

针对这种情况，建议男孩提前多了解一下女孩的青春期，而女孩也提前多了解一下男孩的青春期。只有这样，大家才能彼此更加理解和尊重对方。

步入青春期后，女孩和男孩一样，个子会嗖嗖地长高，体重也会增加。**不同的地方在于，女孩的乳房开始发育，紧接着月经初潮便会到来。**

月经指的是女孩每月一次阴道出血的现象。一般来说，女孩每个月会

经历一次，而每次的时间在3~7天。这个时期，女孩一般会将长得很像尿不湿的卫生巾贴在内裤里使用。这段时间里，女孩的活动会有些不便，肚子或腰部也可能会有些疼痛。因为激素水平的变化，女孩会更加敏感，心情有时候会起伏不定。

男孩和女孩的青春期既相似又各不相同，希望大家能尊重女孩，和她们成为彼此关心、尊重对方身体变化的朋友。

19 我有了喜欢的女孩

最近，我老是留意那些女孩，

对自己的衣服、发型也非常在意。

今天早上，我把衣服换来换去，差点儿就迟到了。

衣橱里的衣服也乱糟糟的，我还跟妈妈发了火。

我对自己的发型也很不满意。

虽然妈妈说没关系，但我根本就不觉得无所谓。

这样去学校，那些女孩看到我会笑话我的。

这身打扮真的太普通了。

要是那些女孩觉得我魅力十足该有多好啊。

喜欢一个人，首先要学会尊重自己和对方。

老师读小学时，班里有一个我一直很喜欢的朋友。有时候隔很远，我也会一眼就看到他。大家有没有那种总是留意而且想变得亲密一点儿的朋友呢？

步入青春期后，大家体内沉睡的性激素会苏醒，不仅身体会发生变化，心理也一样。因此，大家或许会时不时地去留意某个人。

喜欢一个人是一件很自然的事情。希望大家不要压抑自己内心深处萌发的各种感情，坦然地接纳它们。

青春期对某个人产生好感的感觉和小时候喜欢朋友的感觉不大一样，

而且大家都想给对方展现出最好的一面。

请大家记住，不管什么时候，尊重自己和对方是第一位的。

如果大家正在暗恋一个人，心里感觉苦恼，建议跟可以信任的朋友、家人或者其他长辈谈谈心。

我和正值青春期的哥哥越来越陌生了

最近，正在读初中的哥哥有些奇怪。

他面对家人时变得很沉默，

还会冷不丁地发火。

只要回到家，他就一头钻进自己的房间。

我想跟过去看看，结果他却把门反锁了。

曾经，我们每天都在一起吃饭，一起吵吵闹闹，

但如今他变了。对此，我有些郁闷。

我有什么地方做错了吗？

他还不如直截了当地告诉我到底哪里做错了呢……

步入青春期后，
彼此间的体谅是非常关键的。

步入青春期后，大家的心思会更加细腻，更加敏感。面对一件微不足道的小事也很容易烦躁，心里会受伤。如果和大人有不同的意见，也会争辩顶嘴。此外，和朋友在一起的时候可能比和家人在一起时感觉更加舒服，更加轻松。

不过，并不是所有青少年步入青春期后都将经历这些变化。**青春期的时间段和青春期里发生的行为变化都是因人而异的。**

由于激素水平的变化，大家的心情会像云霄飞车一样起伏不定，所以我们要坦然接纳。不过，大家还应该慎重一些，不要因为自己的青春期而让家人受到太多伤害。

家人会因为“青春期的孩子都这样”而体谅我们，那我们就能以青春期为借口，不管干什么都随心所欲了吗？那样一来，自己的性格会这样固化下来，变得敏感烦躁，家人也会很痛苦。

如果家里的哥哥或姐姐正在经历青春期，请用一封信或者一张纸条把自己的心意传递给他们。到时候，正经历青春期的哥哥或姐姐很有可能会理解大家的心意，并尝试作出一些努力。

希望大家在哥哥或姐姐身边为他们加油，帮助他们度过青春期这段时光。